VERS L'ÉQUATEUR

SENSATIONS COLONIALES

PAR

Charles RÉGISMANSET

Mehr Ausdrück
der Empfindung
als Malerei.

BEETHOVEN.

PARIS

J. ANDRÉ, ÉDITEUR

27, RUE BONAPARTE, 27

—

1901

VERS L'ÉQUATEUR

SENSATIONS COLONIALES

VERS L'ÉQUATEUR

SENSATIONS COLONIALES

PAR

Charles RÉGISMANSET

Mehr Ausdrück
der Empfindung
als Malerei.
BEETHOVEN.

PARIS

J. ANDRÉ, ÉDITEUR

27, RUE BONAPARTE, 27

1901

I

A quoi bon ces pages?

Qui les lira?

Peu importe.....

Sensations, vagues peut-être, imparfaitement senties sûrement, mais sincères, je le jure, autant que l'interprète impuissant des choses immuablement belles, a pu lui-même y mettre d'humaine sincérité.

II

Le départ.

La psychologie du Départ, du Hiatus terrible
que crée la séparation, n'est pas à faire.

Il y a là, une sensation d'ordre intime qui varie
avec le tempérament des individus, selon les
causes qui ont précisément amené le départ, et
l'état d'âme du voyageur ne sera point le même,
suivant qu'il se dira avec le poëte des « Fêtes ga-
lantes ».

> O triste, triste était mon âme,
> A cause, à cause d'une femme.
> Est-il possible, le fût-il ?
> Ce fier exil, ce triste exil ?

Ou bien avec le poëte des « Châtiments » :

> Oh ! n'exilons personne.
> Oh ! l'exil est impie !

Ou encore avec la reine fugitive :

> Adieu, douce France, terre bénie !

Néanmoins, il y a dans le cœur de tout individu qui s'éloigne de ce qu'on est convenu d'appeler la « Patrie », c'est-à-dire de la terre où il est né, où vivent et ont vécu et lui-même et les êtres aimés, et dont l'ambiance le pénètre entièrement, il y a, dis-je, un sentiment général, une note dominante, qu'Edmond Haraucourt, le poète de la « Passion » a admirablement analysée dans ces vers :

> Partir, c'est mourir un peu,
> C'est mourir à ce qu'on aime :
> On laisse un peu de soi-même,
> En toute heure et dans tout lieu.
>
> C'est toujours le deuil d'un vœu,
> Le dernier vers d'un poème.
> Partir, c'est mourir un peu,
> C'est mourir à ce qu'on aime.
>
> Et l'on part, et c'est un jeu,
> Et jusqu'à l'adieu suprème.
> C'est son âme que l'on sème,
> Que l'on sème à chaque adieu.
> Partir, c'est mourir un peu.

Et c'est bien là ce que je ressentis, quand, le 16 septembre 1899, au matin, le paquebot *Ville de Maceio*, sortant de la Gironde entra dans l'Océan vert et sombre.

III

Santa Cruz de Ténérife.

Six heures du matin : De la mer cyane et brisée de petites lames, émerge dans le lointain, dorée par le soleil levant, une masse rocheuse.

Peu à peu, la brume se lève : les rayons du soleil chassent la nuée, et Ténérife apparaît, violette, sur un fond lumineux et gris.

Masse rocheuse et âpre, vrai bloc de sanguine :
« C'est la terre d'Afrique, rouge et ingrate », me
dit un passager.

La masse se précise, les contours se dessinent
plus nets. Les ravins apparaissent plaqués çà et
là de taches vertes. Des petites surfaces blanches
figurent des maisons isolées.

Le bateau passe et, bientôt, c'est la baie de
Santa-Cruz avec sa ville éparse sur les collines environnantes.....

Santa-Cruz : vieille petite ville espagnole.

Je monte péniblement par les rues droites, aux
maisons rougeâtres, pourvues de balcons où manque la signora voilée prêtant une oreille attentive

à la guitare de l'amant qui fredonne en bas, sans Cyrano.

Sur une large place, pavée de galets ronds et gris, formant d'horribles dessins réguliers, *la Cathédrale de San-José*.

Vaste maison. — Grand hall au style vague et nu. — Pas de chaises dans la nef, immense quadrilatère. écrasé entre de lourds et massifs portiques. Le sol est pavé de marbre noir et blanc, et par les verrières sans vitraux, pénètre à flots une lumière dure et crue.

Au fond, l'autel, d'une splendeur inouïe, défi porté aux iconoclastes et aux antiquaires passés et à venir... L'or ruisselle et sur les bas côtés, un étalage étrange de figures de cire ; rois et reines de ce monde et de l'autre, fantastiquement mêlés dans une horreur de musée Dupuytren, à damner Murillo ou Ribera.

Les yeux du profane, amoureux de nos cathédrales gothiques, si merveilleuses évocatrices de pensers mystiques, s'inquiètent et souffrent..... Et son oreille attend le fatal refrain de l'orgue de foire, bramant quelque sentimentale romance ou quelque affreuse polka.

Mais rien : le silence est grand, à peine troublé par quelques mouches qui bourdonnent tristement dans la lumière dure et crue.....

Et sur le parvis, je croise un soldat espagnol, un adolescent svelte et insouciant, dans son uniforme blanc et rouge.....

IV

Dakar. — Une tornade.

Minuit sur le pont du paquebot.

C'est par une nuit de septembre. La journée a été atroce : le soleil a embrasé le ciel, et sur le navire à l'ancre, les poitrines haletantes ont aspiré en vain à quelques bouffées d'air frais.

Vers le soir, un peu de brise tiède s'élève de la terre..... mais bientôt l'atmosphère s'alourdit encore. Une tension électrique angoissante étreint les nerfs.

Les organismes souffrent dans l'attente d'une délivrance : de la délivrance du poids intangible qui les oppresse, de l'atmosphère lourde qui les écrase.....

C'est l'attente de la tornade.

Minuit. — Les quelques étoiles qui brillaient, rares dans la nuit sombre, se voilent rapidement. L'obscurité n'est plus percée çà et là que par quelques lumières : lumières de la ville qui va dormir et des navires qui sommeillent, mouillés dans la rade.

Bientôt des rafales de brise chaude balaient le pont du paquebot, rafales brèves, tourbillons rapides.

A ce moment une barque, venant de la jetée, se dirige vers le navire : on ne la voit point, mais on la devine, car on aperçoit son sillage lumineux, et dans la mer phosphorescente, saturée d'électricité comme l'atmosphère elle-même, les rames, se relevant, laissent tomber une pluie d'étincelles brillantes et silencieuses, dont la clarté va s'éteignant lentement dans les couches profondes de l'eau, en ondes bleuâtres.....

Et soudain, le ciel, qu'on devine noir dans les ténèbres, s'effondre en cataractes bruyantes.

Une pluie tiède tombe à flots qui noient le bateau, la rade, la terre, la mer et la nuit.

On ne peut plus dire avec le poète :

> O le chant de la pluie,
> Pour un cœur qui s'ennuie.

Ce déchaînement neptunien n'inspire point en effet de rêverie. — C'est l'écrasement de l'homme, humble fétu de paille, balayé par la toute puissance des éléments, l'état d'âme de Gilliatt, contemplant la tempête.....

Le vent qui tourbillonne et couvre le pont d'écume soulève les flots de la rade et de l'Océan, à perte de vue.

Alors, le spectacle devient magique.

Les flots phosphorescents forment une immense nappe de feu, dont les contours lumineux disparaissent au loin, noyés dans l'infini, — nappe de feu, ou plutôt nappe d'argent en fusion aux étranges reflets électriques, qui fait songer à un merveilleux décor de féerie, — féerie grandiose, sur une scène sublime : la mer; lac Baïkhal transformé en Océan de flammes, tel que Rochard n'en put jamais rêver pour son Michel Strogoff.

Et cependant que je contemple cet admirable tableau, des gens, autour de moi, dans l'ombre du spardeck, se demandent gravement quelle est l'origine du phénomène.

Est-ce l'électricité de l'air qui se communique aux flots de la mer — ou bien — sont-ce des animalcules lumineux, répandus là par millions et dont le vouloir-vivre intense se traduit par ce rayonnement?

Problème. — Les deux, peut-être, prononce un sage.

Et je me rappelle les Fontaines lumineuses, la Loïe Füller, choses jolies, ravissement des yeux dans les music-halls à l'atmosphère raréfiée, étonnement des masses qu'un peu de clinquant éblouit.

Et je pense que, loin des yeux de tout spectateur, par une nuit sans lune, la nature se donne à elle-même le plus beau des spectacles, dépensant en une heure plus de lumière et de clarté que n'a pu en concevoir l'industrie humaine pendant tout un siècle.....

Et cependant, une heure sonne. La nuit plus profonde se fait.

La tornade est finie.....

$$V$$

Le paquebot. — L'accident.

Sur le paquebot — La nuit est sombre.

Dans quelques heures, au petit jour, Grand-Bassam sera en vue, et les hommes de l'équipage préparent le déchargement.

La cale de l'avant est ouverte. Les treuils sifflent et grincent. L'éclairage est misérable : un falot distribue aux choses éparses sur le pont une lumière douteuse qui rend l'ombre plus noire.....

Un cheval, attaché le long du bord, hennit lugubrement et s'affole dans cette rumeur d'activité bruyante.....

La vergue, étendant son grand bras, hisse soudain une énorme masse qui émerge de la cale, indécise et noire.....

L'homme qui surveille la manœuvre veut l'éviter. Le cheval rue. L'homme s'écarte, et la masse aveugle, le balayant comme un fétu, le précipite dans la cale béante et obscure, où sa chute fait

un bruit sourd de chairs broyées et contuses, colis
vivant lamentablement aplati.

Le lieutenant et quelques hommes s'agitent. Le
cheval hébété se calme et le sauvetage commence.

Une chaîne est descendue, et après bien des
heurts le long des parois métalliques, l'homme
est hissé sur le pont, sur deux planches rapidement assemblées.

Il est pâle : sa poitrine, douloureusement gon-
flée, laisse échapper de rauques gémissements.

Le docteur l'ausculte rapidement. On l'emmène. Les treuils recommencent à grincer. La
manœuvre continue, dangereuse et criminelle dans
la nuit que perce lugubrement le falot sinistre.

« Un verre de tafia et il demanderait à recom-
mencer », me dit le lieutenant d'une voix calme.

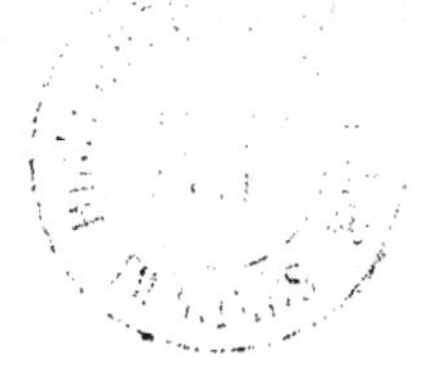

VI

Le paquebot. — Musique en mer.

Le silence de la nuit est grand et, seules, la rumeur sourde de la machine et la trépidation cadencée de l'hélice viennent dire à l'homme perdu entre ciel et mer qu'il y a là, dans l'immensité sombre, un peu de vie humaine, beaucoup d'appétits et peu de pensée.....

Et la rumeur sourde de la machine et la trépidation cadencée de l'hélice forment comme une pédale sourde à la muette harmonie de la nuit, et le silence s'en augmente, grandiose et sévère.

Quelques lumières brillent encore dans le salon du paquebot, et soudain, deux mains parcourant le clavier font résonner l'instrument.

Les accords se précipitent, et je reconnais une czarda de Michiels. La mélodie est tour à tour âpre et heurtée, caressante et sensuelle.

C'est le chant du berger solitaire dans la vaste plaine de Hongrie, dans la puzta sans autres bornes que le ciel qui en limite l'horizon.

La mélodie s'élève pure, comme une voix de confidence dans le grand silence.

Et c'est le rêve qui s'empare de l'esprit qu'il berce d'exquises pensées, dont le langage impuissant ne peut donner une expression adéquate et précise...

La mélodie s'éteint graduellement. Un dernier accord s'écrase qui chasse le rêve, rappelle la réalité.

Et deux ombres passent à côté de moi sur le pont : un homme et une femme, deux nègres, passagers du bord. Et l'homme, le cœur gonflé de musicale poésie, fredonne à sa noire compagne qu'il tient étroitement enlacée :

> Vous êtes si jolie,
> O mon bel ange blond !

VII

Grand-Bassam. — La barre.

Depuis trois grands jours déjà, nous voyons la
côte. Le paquebot suit une marche parallèle au
rivage, à quelques milles à peine, s'éloignant parfois un peu vers la haute mer, quand il y a un cap
à doubler.

Spectacle d'une monotonie décevante : à tribord
la haute mer qui moutonne au loin et va se con-
fondre à l'horizon avec un ciel bleu parfois, gris
souvent ; à babord, la côte d'Afrique : ligne de
couleur indécise sous un ciel qui est de même,
ligne flottante et vague que voile le plus souvent
le brouillard qui embue les frondaisons de la
grande sylve...

Les contours sont mous, peu accusés et la teinte
varie, passant du blanc jaunâtre quand la plage
de sable est découverte par la mer, au vert pâle,
quand le soleil ou l'armattan percent un peu la
nuée.

Et derrière cette ligne vague et indécise, nous

devinons l'énorme forêt, à la luxuriante végétation, dont l'épaisse ramure défie les rayons du
terne soleil.

A quatre heures, le navire se rapproche de la
côte et bientôt nous apercevons dans une éclaircie
de la forêt quelques maisons comprises entre la
plage et la lagune que fait pressentir là-bas la
teinte plus claire de la brousse.

Quelques rochers sont là, fragments inertes que
la mer couvre d'écume en s'y brisant.

Un bruit sourd, bruit de canon roulé dans le
lointain, bruit de la lame qui déferle, annonce la
barre.

A première vue, rien ne semble déceler le phénomène. La mer paraît calme et tranquille. Mais
bientôt, des formes noires courent sur le rivage :
ce sont les indigènes qui traînent sur le sable
leurs embarcations aux deux extrémités égale-
ment pointues.

Un sifflement aigu retentit et une première barque se détache du rivage. A ce moment la mer,
jusque-là majestueuse et calme, semble s'irriter
contre le frêle esquif. Les lames se gonflent en
deux ou trois rouleaux énormes qui se précipitent en une colossale et humide chevauchée. Une
seconde, l'embarcation apparaît perpendiculaire à
la surface liquide. Puis elle replonge entre deux
vagues où elle semble s'engloutir. Enfin, elle re-
paraît à nouveau, perpendiculaire, dans un tour-
billon d'écume.

Va-t-elle couler ? Non, elle se redresse encore, et un nouveau sifflement aigu traverse l'air, annonçant que la barre est franchie. L'embarcation glisse maintenant sur l'onde calmée, poursuivant sa route vers le navire à l'ancre.

Les croumanes, athlétiquement musclés, magnifiques Barbedienne en action, assis sur les côtés de la baleinière, rament à coups pressés, en enfonçant dans l'eau leurs pagaies, à forme de tridents, ornées de vives couleurs et qu'ils tiennent à deux mains.

Un noir, debout, manie la grande barre qui sert de gouvernail. Il se détache splendidement à l'arrière de l'embarcation, et il paraît immense.

D'autres embarcations franchissent successivement la barre, se dirigeant parallèlement vers le navire et une mélopée étrange, à trois temps, vient à nos oreilles : chant cadencé aux tonalités âpres et métalliques.

Mais bientôt, la barre, avec la marée montante semble grossir. Les vagues se succèdent plus fortes, plus rapides et les sifflements qui annoncent aux rameurs le moment favorable pour se lancer à l'assaut de la muraille liquide, s'espacent davantage.

La nuit tombe brusquement. Quelques lumières s'allument dans la triste capitale embrumée. Les embarcations ont regagné le rivage maintenant solitaire.

Le grondement de la barre devient plus formidable et une humidité froide s'abat sur le pont du paquebot venant de la côte ensevelie dans la verdure entre mer et lagune.

Un moment, la lune, perçant les nuages, dissipe un peu les ténèbres.

Le wharf apparaît alors, métallique squelette, élevé là par la prétention des hommes, et que la mer en se jouant a déraciné un jour en partie.

Les lames s'y brisent avec fureur, couvrant d'une écume blanchâtre, la plage, les rochers et la construction de l'homme, tandis que dans la triste capitale embrumée les lumières pâlissent, ternies par la nuée méphitique...

VIII

Libreville.

a. — *L'arrivée*.

Midi, le soleil au zénith inonde de chaude lumière le ciel d'un bleu intense et la mer verte, calme comme un lac.

Nous entrons dans l'estuaire du Gabon et le navire s'engage dans la passe de la Penélope.

A droite, la pointe Pangara, que couvrent à son extrémité des bouquets d'arbres, semble une suite de petits îlots de verdure.

A gauche, la côte apparaît, assez haute, couverte d'une dense végétation : quelques taches blanchâtres annoncent la vieille capitale du Gabon, Libreville.

. . . .

Le navire approche et bientôt les détails se précisent. Le paquebot sort de la passe, fait un angle et pique droit sur la ville qu'on aperçoit maintenant avec netteté.

Dans un fouillis d'arbres, au-dessus des bâtiments de la marine, l'église dresse son clocher pointu, la jetée projette, minuscule, dans la baie, quelques vagues rocailles dont la mer se rit, et dans la rade, l'*Alcyon*, vieux navire à roues de la station navale, roule bord sur bord.

L'aspect est riant :

On dirait quelque plage de notre océan transportée là : Royan ou le Pouliguen.

Les cocotiers font l'office de pins, mais rien ne remplace, heureusement d'ailleurs, les si peu esthétiques cabines dont les bains de mer sont en France le misérable prétexte.

. . . .

Nous débarquons au bout de la jetée. Les fonctionnaires de la Colonie, en grande tenue, attendent le nouveau Gouverneur. — Quelques redingotes noires, plus noires que les Indigènes, se dessinent çà et là...

Le soleil s'indigne, et, comme les salves de coups de canon se succèdent, il voile sa face et une pluie brève mais abondante arrose généreusement uniformes et redingotes, lamentables sous l'ondée.

Le cortège se dirige lentement vers l'hôtel du Gouvernement entre les rangs pressés de la population indigène habillée de pagnes aux vives couleurs.

Les miliciens forment la haie. Les clairons sonnent, et mon voisin de cortège, que poursuit une vague réminiscence de l'asphalte parisien, murmure à mon oreille :

« Sapristi, ça vaut bien un poker d'as ! »

b. — *La fièvre.*

« C'est-y la fièvre ou ben la faim ? » se demande le gueux de Bruant qui promène sa misère sous la bruine nocturne.

Lui, ne se le demande pas. Étendu dans le lit, tour à tour la chaleur et le froid le dévorent. C'est la fièvre, l'ennemie quotidienne et toujours présente. — Il la connaît et la subit, compagne fatale de l'homme dans les pays où les marais exhalent leurs miasmes dans le ciel en feu, et volontiers, il courbe la tête devant sa lamentable visite en songeant à quelque grotesque et parfois mortelle Ἀνάγκη.

Le froid, d'abord : ses dents claquent, son corps est brisé, ses jambes flageolent, et en vain, les étoffes s'accumulent : c'est le froid persistant alors que le soleil luit à la fenêtre et que le boy, accroupi, somnole, noir et humain lézard, sous la vérandah.

Puis, sans transition, c'est le feu qui le consume, incendiant ses veines, torturant ses membres, qui cherchent en vain quelque fraîcheur sur la couche trempée d'âcre sueur.

Enfin, le délire : il rêve, voit ceux qu'il aime et sait loin de lui. Son oreille, que la quinine assourdit, n'apporte à son cerveau excédé que de faibles bruits. Le boy qui sommeillait tout à l'heure lui semble maintenant glisser dans la chambre comme une ombre.

Il est anéanti et il est heureux de ce nirvâna physique, et, après un dernier spasme de souffrance, il croit gagner les régions éthérées où le sommeil, le sommeil inconnu depuis si longtemps, sera roi.

Un peu d'air venant de la fenêtre entr'ouverte caresse ses tempes humides et brûlantes. Il renaît peu à peu. Il a cru agoniser et cependant, le soleil a continué sa course, en dorant la cîme des verts manguiers. Car le cadre est immuable...

Bientôt il oubliera qu'il a souffert. L'accès est terminé. A-t-il eu la fièvre? Il ne le sait plus. Jusqu'à demain...

c. — *La messe de minuit.*

Minuit, chrétiens !

Dans la petite église au clocher aigu, la messe commence. Bien simple cette église, mais jolie, ce soir-là, dans sa simplicité.

De grandes bannières aux couleurs variées et aux latines inscriptions déroulent leurs plis soyeux tout autour de la nef. Des banderoles dessinent de capricieuses arabesques sur les murs que décorent çà et là quelques tableaux saints, encadrés en des masses de verdure.

Dans le chœur brillamment éclairé, au premier plan, le dais de l'évêque, rouge avec des crépines d'or. — A l'autel, le prêtre officie tandis qu'un petit noir vêtu de la robe blanche et de la ceinture rouge, balance, d'un air primitif et inspiré, l'encensoir doré...

Minuit, chrétiens!

Une voix mâle et sonore s'élève et les harmonieux accords qui mêlent les sons de l'orgue à la voix humaine emplissent l'humble voûte.

Noël! Noël! Les sons de l'orgue s'éloignent doucement. Puis les accords renaissent et les voix des enfants indigènes entonnent à l'unisson la psalmodie liturgique.

Et c'est merveille que ces voix fraîches et blanches sortant de petits corps si noirs...

La voix mâle et sonore s'élève à nouveau : c'est le *Sanctus*. Je ferme les yeux et un décor d'église gothique m'apparaît. La floraison liliale des arceaux s'évoque soudain : c'est la cathédrale somptueuse aux grandes ombres de mystère!

Et cependant le chœur des voix d'enfants, s'élevant à nouveau, chasse le rêve...

Devant l'autel commence un défilé étrange et dont la plastique étonne :

Hommes, femmes et enfants noirs défilent tour

à tour et se prosternent devant le prêtre qui distribue les saintes hosties.

Le mystère accompli, les fidèles, baissant les yeux s'éloignent, les mains jointes ou crispées sur la pagne qu'on a fait effort pour pudiquement ajuster...

Aux sons de l'orgue, la sortie commence, la messe finie...

Noël, c'est Noël ! fête des enfants que la neige recouvre de son blanc linceul. — Noël, fête des petits oiseaux blottis dans la ramure de l'arbre du Nord. — Noël, fête des petits sabots placés au coin du clair foyer qui pétille dans l'âtre...

Je sors : et la nuit est douce et tiède. Des étoiles brillent au ciel que la lune inonde d'une pâle clarté.

Pas de neige, pas de frimas !

Minuit, chrétiens ! c'est la nuit équatoriale dans sa pure et grandiose sérénité...

d. — *Le Jour de l'An.* — *Crépuscule.*

Une nouvelle année qui commence, c'est toujours triste. Sait-on en effet combien de tristesses, de douleurs et de folles et cruelles chimères va nous apporter ce nouvel écheveau de jours et de nuits ?

Le 1er janvier, vers 6 heures, sur la route de

Glass. La route côtoie la mer dont la brise tiède m'apportait l'âcre parfum des lenthana. Sur les grandes herbes, de jolis oiseaux aux couleurs brillantes, se posent, légers comme des abeilles. Les tiges vertes longues et frêles s'inclinent à peine et les fleurs vivantes oscillent doucement...

Au ciel, un vol de perroquets criards, roses et gris, décrit une courbe et disparaît dans les frondaisons de la forêt...

Et tout le paysage est dominé par un arbre superbe, qui se dresse au bord du rivage, inattendu et théâtral géant de la nature...

Le disque rouge du soleil disparaît à l'horizon laissant au ciel et sur la mer d'immenses taches sanglantes et dorées.

Puis le fond du décor change : les teintes s'atténuent, de dorées deviennent cuivrées et de rouges deviennent roses. Un voile s'étend insensiblement, voile léger et mélancolique qui donne aux choses une allure fantomale et à l'âme, une impalpable sensation de vie ralentie, de flamme morte et de regret attristant...

Mais avant que les ombres de la nuit aient enseveli le paysage, de l'horizon, jaillissent soudain des rayons lumineux d'un vert pâle. Le ciel se pénètre un instant d'une subite clarté... Lumières et ténèbres se disputent un sublime empire...

Puis l'instant magique s'écoule.

Le crépuscule est fini.

Les étoiles s'allument et c'est la nuit.

. . . .

Je reviens vers la ville, d'où s'élève une sourde rumeur.

Bientôt, j'aperçois, défilant sur la route, le cortège des noirs Sénégalais. Ils ont édifié un grand bateau de bois aux sabords ajourés et garnis d'une pellicule rose qu'une flamme placée à l'intérieur éclaire par transparence.

En lente procession, ils promènent cette nouvelle idole, fétiche ou symbole, je ne sais.

Les enfants, les femmes poussent des cris stridents auxquels répondent les voix métalliques des hommes soutenues par les sons du tam tam et des accordéons.

C'est dur et barbare, et ferait pleurer M. Vincent d'Indy, pour sûr, mais ce n'est pas faux, et dans la nuit noire où le cortège forme une traînée lumineuse, les sons s'adoucissant avec l'éloignement forment un ensemble d'une esthétique peu banale.

Et cela me rappelle la fameuse « Ronde de Nuit » de Rembrandt, — ce sont, en effet, les mêmes oppositions de tons, la même allure fantastique...

Et cependant, la fête européenne, la fête officielle se prépare. Des verres de couleurs garnissent la façade de l'hôtel du Gouvernement.

Et c'est un affreux contre-sens artistique que cette décoration de fête foraine, sous un ciel si beau, dans un cadre si riche.

Et je préfère la fête noire qui promène sur la route sa tapageuse gaîté :

Ils sont gais, en effet, les personnages du fantastique cortège, et leurs chants, et leurs cris sont bien ceux que veut le décor et s'harmonisent avec sa merveilleuse beauté...

Et j'envie cette gaîté noire.

Une nouvelle année qui commence, c'est toujours triste.

e. — *Départ de miliciens.*

Huit heures du matin.

Le soleil levant éclaire de rayons furtifs les bambous du jardin de Kérellé.

L'estuaire du Gabon jusqu'à la pointe Pangara, étincelle, vasque de mercure fluide qu'un peu de brise vient rider par ses molles caresses.

L'atmosphère, d'une pureté exquise, donne aux angles des cases des contours nets et précis et découpe à angles incisifs et durs les grandes feuilles des bananiers dont le vent a déchiqueté les nervures verdâtres...

Soudain, dans le lointain, une sonnerie de clairon fait entendre une note gaie. Quelques oiseaux qui chantaient leur matinal cantique, interrompent leur mélodie. La mer continue de mourir doucement sur les rochers de la jetée...

La sonnerie se rapproche, alerte et plus pressée,

et bientôt, j'aperçois la troupe des miliciens qui marchent d'un pas cadencé.

Le pantalon serré dans les guêtres jusqu'au genou, la courte veste bleue et la chechia hardiment posée sur le derrière de la tête, leur donnent une allure martiale et svelte que complète admirablement leur démarche sautillante.

Ils marchent allègrement : parvenus devant la jetée, ils décrivent une courbe savante. La marche se ralentit. La sonnerie jette un dernier appel et la troupe s'arrête...

Le soleil levant éclaire toujours les bambous de Kérellé, et il se joue des reflets scintillants des baïonnettes. Et la mer vient mourir doucement sur les rochers de la jetée.

Les chalands sont prêts, et un à un, sans précipitation, sachant que la discipline le veut ainsi, les miliciens s'embarquent.

Où vont-ils? Ils ne le savent et n'en ont cure.

Et ils sont heureux, car peut-être, ce sera la guerre, là-bas, dans la brousse immense où l'on meurt si bien, après avoir combattu, à l'ombre d'un buisson, les yeux au ciel...

Et le navire qui les emmène se balance là-bas à l'ancre.

Où vont-ils? Ils ne le savent et n'en ont cure et ils sont heureux.

Et le soleil, quittant les bambous de Kérellé vient éclairer le Pavillon qui détache là-haut dans le ciel clair, les trois couleurs radieuses...

f. — *Promenade à la Lune. Tam-tam.*

Dans le ciel d'une clarté laiteuse « fille et sœur de Dieux augustes », la Lune promène son disque étincelant...

La plage de sable fin et la mer qui scintille se réjouissent de cette splendeur et les épais buissons qui bordent le rivage détachent leur masse sombre sur ce fond si extraordinairement clair...

Spectacle d'une féerique beauté : et là-bas, quelques maisons aux toits inclinés, semblent toutes blanches et couvertes de neige. Et c'est un exquis contraste que ces chalets, réminiscence norvégienne à la blancheur neigeuse, encadrés par les élégants bouquets formés par les stipes des cocotiers élancés...

Sur la plage, où nos ombres s'allongent démesurément et où les troncs d'okoumé, allongés comme d'énormes caïmans, sont baignés dans la lumière intense, nous marchons dans un enchantement silencieux.

Je crains de la part d'un de mes compagnons, la parole brutale qui détruirait l'extase de ce paysage de rêve.

Et je suis heureux, quand l'un d'eux, influencé sans doute par la sublimité des choses, entonne d'une voix magnifique et ample, le *Pieta Signor* de Stradella. C'est en effet une séraphique mélodie qu'exige un tel cadre.

Poursuivant notre marche, nous arrivons au bord d'un marigot que la mer crée ou détruit chaque jour avec la marée.

L'eau très claire et moirée d'argent semble rêver à la course suave de la Lune, tandis que les palétuviers, à la ramure brune, forment çà et là de grosses taches sombres...

Et je pense à la merveilleuse « Mare » de Corot, que hantent des Fées dansant sur les gazons jaunis une ronde folle, tandis qu'accoudée au coteau, l'Astre les contemple.

Enfin, nous arrivons à Louis. Louis, c'est le village indigène, aux grandes cases aux cloisons faites de lattes et de boue pétrie. La grande rue est déserte. Mais sur la place là-bas, la Fête est dans tout son éclat.

Éclairés par des torches, les Noirs font un grand cercle, au centre duquel, demi-nus des hommes s'agitent frénétiquement en dansant le bouti : ils ont bu l'iboga, racine fermentée qui les surexcite. Les yeux convulsés, les membres contractés, ils tournent éperdument : ronde d'hystériques, danse macabre africaine qui a pour accompagnement sonore et monotone les grondements des tam-tam et les clameurs lascives des femmes...

Nous abandonnons la ronde fantastique et deux femmes nous guident à travers les méandres du village vers une case isolée.

La rumeur du tam-tam nous vient affaiblie.

La nuit est douce, et comme la Lune se voile

d'un léger nuage, l'une des femmes chante à mi-
voix une berceuse du pays Loango dont voici l'im-
parfaite traduction :

Hélas! Hélas!
Le blanc est revenu.

La lune a fui,
Hélas! Hélas,
Car il est méchant
Le blanc qui est revenu.

Toi, sorcier, écoute
Hélas! Hélas!
Il est brutal
Le blanc qui est revenu.

Vous, femmes, attention
Hélas! Hélas!
C'est un homme fort
Le blanc qui est revenu.

Enfants, éloignez-vous
Hélas! Hélas!
Parce que vous le savez,
Le blanc est revenu.

Toi, Esprit, protège-nous
Hélas! Hélas,
Car il prend nos femmes,
Le blanc qui est revenu.

O hommes, c'est tout
Hélas! Hélas,
Adieu, Bonheur.
Le blanc est revenu...

La chanson finie, la femme nous regarde et rit.

Je sors : les nuages rapides et poussés par le vent courent dans le ciel où la Lune semble fuir vers l'horizon...

Le bruit du tam-tam se répercute dans la forêt aux échos sonores.

L'orgie continue là-bas, mêlée de cris lugubres et stridents, et derrière moi, dans la case isolée, j'entends un bruit de furtifs baisers...

IX

Las Palmas.

Depuis vingt jours, le « Tibet » a quitté la côte du Gabon.

Libreville n'est plus qu'un souvenir...

A six heures, nous arrivons en rade de Las Palmas. Le soleil qui tout à l'heure baignait d'une lumière chaude les pics de sanguine, décline à l'horizon.

Dans la baie, un navire échoué, puis deux cuirassés anglais, bijoux d'acier, sur lesquels les uniformes de quelques soldats forment des taches rouges.

De nombreuses barques, chargées de fruits, accostent le paquebot venant de la ville qui s'allume là-bas dans l'ombre et que domine la masse sombre de la cathédrale aux portiques jumeaux et romans.

Nous descendons à terre. A l'hôtel Métropole, grand caravansérail anglais. Les sujets britanniques dominent.

Le repas fini, la danse commence. C'est la gigue dans toute son horreur. Car les Canaries sont
fief anglais, bien qu'espagnoles.

Une jeune miss se démène pudiquement, mi-
mant un pas qui ferait rougir Cléo de Mérode par
ses contre-temps.

Les lumières brillent, la gaîté est bruyante.

La jeune miss, à bout de forces, fait une quête
au profit des malades de l'hôpital espagnol.

Car il faut des malades espagnols pour que les
jeunes miss anglaises puissent danser la gigue
nationale.

Notre obole donnée, nous sortons dans la rue
sombre.

Nous nous éloignons, et longtemps encore la
brise du soir nous apporte les échos du piano
criard, du gros tapage fatigué...

Plus loin, un hôtel sombre : l'hôtel Catalina.

D'une grande chambre aux fenêtres entr'ouver-
tes, une mélodie exquise, sourd, mélancolique
et tendre dans la nuit...

— «Saint-Saëns », me dit le guide en désignant
du doigt les fenêtres de la chambre qu'un peu de
lumière éclaire.

Et la mélodie continue de s'élever, simple et
douce dans la nuit, mélodie fugitive, réminiscence brève, ou rêverie d'un moment, créée par
le cerveau, interprétée par les doigts du maître
solitaire, du magique auteur de « Samson et Da-
lila ». .

X

Oran.

Vision brève de ce coin si intéressant de la vieille terre maure.

Le paquebot, arrivé à minuit, doit repartir au petit jour.

Nous montons, le long de la falaise abrupte et sombre, vers la ville, où brillent là-haut des lumières ; nous sommes heureux. C'est déjà un peu le sol de la France que nous foulons là.

Par des rues tortueuses, nous arrivons au marché. Le spectacle est curieux. Sous les lumières pâles, hommes et femmes, au costume composite, s'empressent affairés autour des amoncellements de légumes et de fruits. Salades et dattes, oranges et tomates fraternisent sans s'étonner, et la vie est intense...

Mais soudain, o horreur ! un arabe, que je m'imagine, marabout superbe, maîtrisant un fougueux coursier, se baisse, s'arc-boute avec effort, maladroit dans son burnous, et part chargé d'une manne de choux.

J'ai idée, que de là-haut, Mahomet doit pleurer en voyant semblable et si peu esthétique spectacle.

Il est vrai, c'était écrit !

Au petit jour, nous quittons la rade, non sans admirer le superbe panorama de Mers-el-Kébir.

Et des mouettes suivent le sillage du navire, trempant leurs ailes dans l'écume, et le soleil levant dore de ses premiers rayons la terre du Maghreb.

XI

Retour. — Marseille.

Vers midi, dans la Méditerranée. — La brume froide et épaisse enveloppe de toutes parts le navire, vaisseau fantôme, évoluant dans l'ouate épaisse du brouillard.

A intervalles rapprochés, la sirène pousse son cri lugubre, car une collision est possible.

Vers deux heures pourtant, la brume se dissipe un peu, la mer glauque réapparaît et dans le ciel, couleur ardoise, une tache livide, c'est le soleil qui s'efforce de percer la nuée.

Peu à peu la tache s'élargit. Le vent s'élève, le brouillard se dissipe et à quelques milles, Planier profile, dans le gris de la côte, son aiguille blanchâtre...

C'est la France !

CH. RÉGISMANSET.

Paris, 8 mars 1900.

www.ingramcontent.com/pod-product-compliance
Lightning Source LLC
LaVergne TN
LVHW021158200726
843510LV00001B/427